Peter Steiner

Weisheit für Minimalisten

Edition Spuren

Zweite Auflage

© 2011 by Edition Spuren
Rudolfstraße 13, CH-8400 Winterthur
edition@spuren.ch   www.spuren.ch

Text und Bilder: Peter Steiner
Umschlaggestaltung: Marco Perini
Lektorat: Martin Frischknecht
Printed in China
ISBN 978-390575214-4

VERSUCHE SO KLUG zu sein, dass du nicht mehr tun musst als nötig, um das zu erreichen, was dir wirklich wichtig ist.

So könnte das Credo des wahren Minimalisten lauten – und ich finde tatsächlich Menschen sehr faszinierend, die ihre Ziele durch Weisheit und ein tieferes Verständnis für die Natur der Dinge erreichen und nicht durch plumpe Kraft und übertriebenen Aufwand. Die Leichtigkeit und Ruhe, die sich dadurch in ihrem Leben ergibt, ist eindrücklich und ansteckend. Man spürt, dass dies der eigentliche Weg ist: Das Wesentliche entdecken und sich vom Unwesentlichen nicht allzu sehr aus dem Konzept bringen zu lassen.

Ein wahrer Minimalist zu sein, ist eine wunderbare Gabe. Mehr erreichen, indem man weniger tut. Es mag zwar nicht das sein, was die Leistungsgesellschaft uns predigt, aber vielleicht würde uns unser Inneres das sagen, wenn wir ein wenig genauer hinhörten.

WEISHEIT UND MINIMALISMUS

Passt das überhaupt zusammen? Ganz wunderbar, finde ich. Obwohl Minimalisten in unseren Breitengraden nicht gerade den besten Ruf haben. Aus unerfindlichen Gründen gilt bei uns Anstrengung immer als etwas Positives und Nichtanstrengung wird immer mit Faulheit in Zusammenhang gebracht. Dennoch denke ich, dass ein Minimalist näher an der Weisheit ist als die meisten.

Denn die Verbindung von Weisheit und Minimalismus liegt im Erkennen des Wesentlichen. Ich würde also sagen: Der Weg zur Weisheit führt durch das heitere Land des Minimalismus.

Erst wenn man auf diese Art zum Wesentlichen gefunden hat, kann sich einem Weisheit eröffnen.

Ein Minimalist versucht einfach alles wegzulassen, was dieser Entwicklung im Wege stehen könnte.

MEHR ODER WENIGER?

Unser Leben ist meist randvoll – aber wozu eigentlich? Erlebe ich wirklich mehr, wenn ich mehr erlebe? Oder erlebe ich in Wahrheit weniger, wenn ich so viel erlebe, weil dieses viele, das ich erlebe, jedes einzelne Erlebnis sofort schmälert, da es ja auch noch so viel anderes zu erleben gilt?

Wenn wir also weniger erleben würden, würden wir es dann nicht anders erleben und damit in Wahrheit mehr erleben?

EIN LEBEN, das überladen ist, kann nicht leicht sein.

DAS MÖGLICHE SEHEN

Ich könnte mir vorstellen, dass die größte Kunst des Lebens darin besteht, es uns nicht schwieriger zu machen, als es tatsächlich ist – und dass Einfachheit entsprechend eine große Bedeutung hat. Denn wenn wir erkennen, dass es eine klare und wohltuende Ordnung gibt, der wir folgen und die wir verstehen können, dann erscheint plötzlich alles in einem andern Licht. Wir sehen das Komplizierte nur noch als nicht erreichte Einfachheit – als verlorene Schönheit des Ganzen. Und wir verstehen dann auch, wie im allzu Komplizierten das wirklich Wesentliche verloren geht.

BIST DU ein Friedens- oder ein Unruhestifter?

LETZTE ERKENNTNISSE

Ich habe einmal von einem Forschungsbericht gehört, bei dem man Menschen kurz vor ihrem Tod befragte, welches die Momente in ihrem Leben seien, die ihnen noch als besonders glückliche in Erinnerung waren. Erstaunlicherweise waren es meist einfache, wenig dramatische Momente des Lebens oder Augenblicke tiefer Verbundenheit mit andern Menschen, die zum Schluss zählten. Es waren nicht die finanziellen Erfolge und die Macht, die man in seinem Leben erreicht hatte, es waren kleine Momente des Glücks, die rückblickend am bedeutsamsten waren: die ehrliche Zuneigung eines Menschen, dem man sich gleichermaßen zugetan fühlte, ein besonders ergreifender Moment in der Natur, die Unbekümmertheit des Enkelkindes, ein Sonnenstrahl durch dunkle Wolken, ein überraschender Wolkenbruch in den Bergen, vor dem man sich unter ein Dach rettete, wo man die Zeit nutzte, um sich aus dem Leben zu erzählen …

WEISHEIT BEDEUTET zu wissen, was man zum Glück nicht mehr braucht.

WENIG IST EINFACH, VIEL IST SCHWIERIG

Warum hat es das Einfache so schwer?

Das liegt vermutlich daran, dass wir uns durch den schönen Schein des Komplizierten, Aufgesetzten, Schwadronierenden leicht beeindrucken lassen. Das Einfache hingegen braucht etwas Inneres, etwas Wirkliches, um uns zu faszinieren. Deshalb muss heute so vieles so kompliziert daherkommen: die innere Qualität würde nicht mehr ausreichen, um uns zu überzeugen.

Wenn etwas aufgebläht und mit großen Worten daherkommt, könnte es sein, dass dieses Etwas eigentlich gar nicht schwierig ist, sondern nur kompliziert scheinen muss, damit man nicht merkt, wie wenig es eigentlich in sich trägt?

DIE REALITÄT IST NUR EINE MEINUNG

Unsere Wahrnehmungen scheinen klar zu sein. Wir wissen, was wir sehen und was wir wahrnehmen, aber das ist eben nur ein verschwindend kleiner Teil des Wirklichen. In diesem Moment, während Sie zum Beispiel ruhig in einem Sessel zu sitzen scheinen und Ihnen die Welt vielleicht eher bewegungslos vorkommt, dreht die Erde sich mit mehreren hundert Kilometern Geschwindigkeit in der Stunde um die eigene Achse. Da ist nichts von Bewegungslosigkeit. Und diese rotierende Erde saust gleichzeitig mit 32 Kilometern pro Sekunde um die Sonne. Damit nicht genug. Das Sonnensystem selbst bewegt sich mit 192 Kilometern pro Sekunde relativ zum Zentrum unserer Galaxie. Und unsere Galaxie, die Milchstraße, rast mit 80 Kilometern pro Sekunde auf die Nachbargalaxie Andromeda zu – von dort aus gesehen, wo es übrigens auch nicht eben ruhig zu- und hergeht (zitiert nach K. C. Cole). Und das alles geschieht, während Sie und ich ruhig dasitzen und nicht das Geringste von alledem mitbekommen.

Dennoch haben wir das Gefühl, schon zu wissen, was da eigentlich abläuft. Sie vertrauen ebenso wie alle anderen Ihrer Wahrnehmung, und die sagt Ihnen: Ruhe herrscht. Aber Ihre Wahrnehmung zeigt Ihnen in Wahrheit nur einen kleinen Ausschnitt des Ganzen, doch halten wir das dann eben für das Ganze – und das ist der Irrtum. Wir halten den bescheidenen kleinen Teil für das Ganze.

Unsere Wirklichkeit besteht aus dem, was wir wahrnehmen und sehen können – und was diese Wirklichkeit angeht, sind wir engstirnig und konservativ: Wir halten alleine das für wirklich, was unseren Möglichkeiten entspricht.

Das Einzige, was wir tun können, ist, diese Möglichkeiten zu erweitern. Wenn unsere Sichtweise sich weitet, werden wir sehen, dass da mehr ist.

Wir selbst sind möglicherweise also auch nicht nur das, was wir zu sein scheinen. Und der Erde geht es vielleicht genauso. Und dem Universum geht es nicht anders. Wir müssen erkennen, dass wir nur einen kleinen Teil vom Ganzen wahrnehmen und dass es da noch mehr zu entdecken gibt.

Je zugänglicher das Bewusstsein wird für das, was vielleicht nicht gerade offensichtlich ist, desto näher kommen wir der Wahrheit. Erstaunlicherweise ist es aber so, dass unser Verstand desto stärker an seine Grenzen stößt, je näher wir der Wahrheit kommen. Auf die wesentlichen Fragen unseres Daseins konnte uns der Verstand ja ohnehin noch nie Antworten geben. Er hat seine Grenzen, und die liegen gerade dort, wo es eigentlich interessant zu werden scheint – dort, wo die wesentlichen Fragen auftauchen. Die können wir trotz aller wissenschaftlicher Erkenntnisse nach wie vor nicht beantworten. So wissen wir zwar, dass das Universum mit einem Urknall begann, aber das war ein Knall aus dem Nichts, der auch noch im Nichts stattfand, zudem soll es sich um einen Knall gehandelt haben, der absolut lautlos war. Ein lautloser Knall. Reinstes Zen. Was kann unser Verstand damit anfangen, dass seine ureigensten Anfänge durch einen Knall, der erst noch lautlos war, wie aus dem Nichts in einem absoluten Nichts entstanden?

Aber es geht noch weiter. Die Materie, zum Beispiel also der Sessel, in dem Sie eben gerade sitzen, scheint fest und solide zu sein, aber wir wissen längst, dass der Stuhl als Form physischer Realität zum allergrößten Teil aus Leere besteht. Der Raum zwischen den atomaren Teilchen ist tatsächlich unendlich viel größer als die Teilchen selbst. Und diese Teilchen wiederum, an die wir uns so sehr klammern, sind letzten Endes auch nichts Festes, sondern nur eine Form von Energie. Sehr verwirrend. Aber wir glauben an die Festigkeit der Materie. Weil wir sie so wahrnehmen.

All das löst nicht die geringsten Fragen. Aber zum Glück will ein Minimalist das gar nicht wissen. Er kümmert sich nämlich grundsätzlich nicht um Dinge, die nichts bringen. Da ist er Pragmatiker. Seine Theorie ist die Praxis. Er weiß, dass die Lösung in ihm selbst liegt. Nicht im Urknall. Nicht in der Relativitätstheorie, nicht in der Quantenphysik. In ihm selbst. In der Einfachheit.

Der fröhliche Minimalist staunt zunächst einmal über die Welt. Wie alles zusammenspielt, wie alles abläuft, wie alles kommt und geht. Es ist ein großartiges Mysterium, das uns ordentlich an der Nase herumführt, wenn wir nur dem glauben, was wir sehen. Jedweder Standpunkt ist relativ und jede Definition nur eine Teilwahrheit. Eine Definition schließt automatisch etwas aus, da sie etwas definiert, und dies geht nur, wenn sie sich damit gegen etwas anderes abgrenzt. Die tatsächliche Wahrheit kann aber nichts ausschließen, sonst wäre sie lediglich eine Teilwahrheit. Die wirkliche Wahrheit muss alles umfassen, alles mit einschließen.

Solange wir also nur unsere Realität wahrnehmen und entsprechend ausschließen, was wir nicht wahrnehmen, kann es sich nur um eine Teilwahrheit oder schlicht um unsere Ansicht handeln.

Ein Minimalist hält seine Meinung daher nicht für sehr bedeutend. Nicht einmal, wenn sie in einem Buch steht.

WIESO passiert ausgerechnet mir das?

WEIL es möglich ist.

WO SICH UNSER LEBEN ENTSCHEIDET

Wir denken vielleicht, dass für das, was wir aus unserem Leben machen wollen, die Schulbildung ausschlaggebend sei oder der berufliche Erfolg oder das gesellschaftliche Ansehen. Doch in Tat und Wahrheit ist unsere simple Fähigkeit, aufmerksam zu sein, von viel entscheidenderer Bedeutung. Ohne Aufmerksamkeit entgeht uns das Wertvolle. Und so kann unser Leben immer nur das sein, was wir wahrnehmen. Die Dinge, denen wir unsere Aufmerksamkeit schenken, prägen unsere Sichtweise. Was wir sehen, nimmt Einfluss auf uns, was wir übersehen, geht an unserem Leben vorbei. All dies prägt unsere grundlegende Perspektive, aufgrund derer wir handeln und entscheiden.

Wenn unsere Aufmerksamkeit bei komplizierten Dingen ist, wird auch unser Leben kompliziert, wenn sie bei der Einfachheit ist, wird auch unser Leben einfach.

Worauf wir unsere Aufmerksamkeit also richten, ist von tiefgreifender Bedeutung. Es ist das, wonach unser Leben sich richtet.

Wenn man gezielt mit seiner Aufmerksamkeit zu arbeiten beginnt, erkennt man, wie sich dadurch alles verändert. Wir beginnen Dinge wahrzunehmen, die wir bis dahin übersehen haben. Wir sehen vieles in einem neuen Licht. Und das verändert unsere gesamte Realität.

Wirklich aufmerksam zu sein, ist einer der größten Vorteile im Leben. Wir können dadurch Dinge sehen und erkennen, die für andere unsichtbar sind. Schulbildung, Erfolg und Ansehen sind wundervolle Dinge, aber tiefreichende und subtile Aufmerksamkeit stellt das alles ohne Zweifel vollkommen in den Schatten.

EIN HAUCH VON POETISCHEM MINIMALISMUS

Wenn wir immer mehr in Harmonie mit der Wahrheit der Dinge kommen, entfaltet sich vor uns eine Welt unendlicher Schönheit und Fülle, die immer schon da war und niemals vergehen wird. Wir erkennen, dass das, was wir sonst so wichtig nehmen, nur das flüchtige Auftauchen einer kleinen Welle in einem endlosen Meer der Möglichkeiten ist.

SO LANGE wir neugierig bleiben, ist vieles möglich.

WISSENSCHAFTLICHES ÜBER DIE ANSTRENGUNG

Sich zu sehr zu bemühen, kann sehr hinderlich sein. Das ist nicht meine These, obwohl ich sie voll und ganz unterstütze. Vielmehr handelt es sich um wissenschaftliche Erkenntnisse. Sobald wir uns zu sehr anstrengen, zieht das unweigerlich Stress nach sich, und was sich hier so undramatisch anhört, hat ernsthafte Konsequenzen: Unsere Gehirnströme verändern sich elementar. Durch übermäßige Anstrengung gerät unser Gehirn in den sogenannten Beta-Bereich mit Frequenzen von 13 bis 40 Hertz, was einem Alarmzustand gleichkommt. Die Folge davon ist, dass sich unser Fokus und unsere gesamte Wahrnehmung drastisch verengen. Es ist eine Art starrer Blick, der dann regiert. Und der führt bekanntlich selten zu überzeugenden Lösungen. Sobald wir uns also zu sehr anstrengen, berauben wir uns unserer besten Möglichkeiten. Das ist auch der Grund, weshalb überraschende oder revolutionäre Ideen oft in einem Zustand der absoluten Entspannung auftauchen. Wenn wir rein gar nichts wollen, geschieht es. Unsere Gehirnfrequenzen befinden sich dann im Alpha-Zustand von 8 bis 13 Hertz. Und in diesem

Zustand vergrößern sich automatisch die Möglichkeiten der Wahrnehmung. Wir sind dann deutlich offener und aufnahmefähiger. Und damit gelangen wir zu ganz anderen Lösungen. Zu viel Ehrgeiz und zu grosses Bemühen sind also nicht nur dem gesunden Minimalisten ein Gräuel, tatsächlich sind sie kontraproduktiv. Wirkliche Lösungen kommen immer aus einer gewissen Entspannung. Jedwede Spitzenleistung und jede überraschende Idee entsteht aus dem richtigen Verhältnis von Konzentration und Entspannung. Wenn wir da das richtige Maß finden, beginnt sich unsere Wahrnehmung zu öffnen, und es tauchen effektive und kluge Lösungen auf. Zu viel Anstrengung ist meist einfach nur anstrengend.

VOM EHRGEIZ ZUM MINIMALISMUS

Ich würde nicht sagen, dass ich den Minimalismus vehement propagieren will, aber er erleichtert das Leben doch ungemein. Dabei komme ich selbst nicht vom Minimalismus her, sondern vom Ehrgeiz. Die Freude an der Reduktion kam bei mir erst später. Ich merkte, dass der Ehrgeiz nicht zu dem führte, was mir wirklich etwas bedeutete. Und um mich herum sah ich auch niemanden, bei dem das wirklich überzeugend funktioniert hätte. Zu viel Ehrgeiz schien mir immer eher das natürliche Entstehen der Dinge zu behindern, was meist zu etwas führte, womit man dann doch nicht richtig glücklich war. Über die klassische Philosophie, die mir aber zu kompliziert und ganz grundlegend zu wenig konkret schien, kam ich zum Tibetischen Buddhismus. Bei dem klang zwar etwas in mir an, dessen Religionsbetrieb war mir aber doch wieder zu facettenreich und zu bunt, so dass man sich eher darin verlor, als dass er klärend wirkte. Geografisch näherte ich mich meinem Ziel damit jedoch langsam an. Ich ging weiter und fand zum japanischen Zen respektive zu dessen ursprünglicher Variante: dem chinesischen Chan. Hier geht es wirklich darum, mitten im Leben und mitten in uns selbst durch reine Aufmerksamkeit und geduldige Zuwendung das zu finden, was uns «verstehen» lässt. Und was mir besonders gefiel: Es wurde nicht so sehr Wert auf das philosophische Konzept gelegt, sondern der Weg wurde durch die Praxis beschritten.

Wenn wir üben, sei es durch Meditation, Qigong, Yoga oder Ähnliches, beginnt unser Inneres sich zu verändern. Ich würde sagen: eine andere Qualität fängt an, sich in uns auszubreiten. Wir beginnen uns anders wahrzunehmen, und damit beginnen wir auch, die Welt anders wahrzunehmen. Alles bekommt feinere Nuancen, und die Zusammenhänge werden verständlicher. Das scheinbar so Gegensätzliche erscheint als Einheit, aus der heraus das eine wie das andere völlig selbstverständlich auftaucht: als eine Facette des Ganzen. Die Verbundenheit mit allem nimmt zu, und es wächst das Vertrauen in etwas, das einem grundlegend wohlgesinnt ist. Es ist nicht so, dass wir damit schlagartig zu besseren Menschen würden, aber es ist sicher so, dass das rein Menschliche

WORIN WIR nicht gelassen sein können, das offenbart unsere Schwäche.

GEWINNEN UND VERLIEREN

Wir müssen uns sehr bewusst sein, dass wir für alles, was wir gewinnen, auch immer etwas verlieren. Es gibt keinen Gewinn ohne Verlust. Und keinen Verlust ohne Gewinn. Wollen wir viel Geld, müssen wir in der Regel viel Zeit dafür hergeben. Wollen wir viel Zeit für uns haben, können wir uns weniger mit andern Dingen beschäftigen. Besitzen wir viele Dinge, verlieren wir unsere Unbekümmertheit, da die Dinge nach unserer Aufmerksamkeit verlangen. Wollen wir beliebt sein, müssen wir uns anpassen. Gehen wir unsern eigenen Weg, kann es einsam werden. Es stellt sich immer nur die Frage, was wir gewinnen und worauf wir dafür verzichten wollen.

ERFOLG MACHT ALLES SCHWIERIGER

Erfolg gilt gemeinhin ja als eine recht erfreuliche Sache, aber wenn man es genau betrachtet, birgt er auch große Schwierigkeiten in sich. Je erfolgreicher wir sind, desto mehr wollen wir daran festhalten. Menschlich gesehen, ist das verständlich, aber es ist unglückselig. Je mehr Erfolg wir haben, desto weniger können wir riskieren, ihn zu verlieren. Je weniger wir riskieren können, desto mehr halten wir an dem fest, was wir schon immer getan haben. Das Resultat: Der Erfolg lässt uns konform uns selbst gegenüber werden. Wir beginnen uns selbst zu wiederholen. Wir wagen weniger Neues. Wir sind nicht mehr bereit, uns selbst in Frage zu stellen. Denn wir sind ja so erfolgreich! So schön Erfolg also ist, so bedauerlich sind manche Dinge, die er mit sich bringt. Er hält uns fest und lässt uns weniger flexibel sein. Die Verantwortung steigt, der Wagemut geht zurück. Erfolg lässt uns manchmal sogar blind gegenüber uns selbst werden. Die Bestätigung von außen gibt uns das Gefühl, dass das ausreicht. Ausreichen muss. Was, wenn nicht Erfolg, soll uns glücklich machen? Je mehr Erfolg wir haben, desto weniger sind wir bereit, die gelegentlich notwendigen Konsequenzen zu ziehen. Und da jede Veränderung einer Konsequenz bedarf, bleiben wir entsprechend immer öfter stecken. Erfolgreich steckengeblieben.

Erfolg ist schön, aber auch schwierig. Wenn Sie Erfolg haben, freuen Sie sich daran, aber seien Sie sich auch der damit verbundenen Schwierigkeiten bewusst. Wenn Sie keinen Erfolg haben, genießen Sie die Freiheit, die Ihnen das bringt. Denn keinen Erfolg zu haben, kann für das Leben insgesamt durchaus erfolgversprechend sein.

WAS WIR auch tun, das Ergebnis erteilt uns immer eine Lektion.

WAS ist dir wichtig?

UND lebst du es auch?

DAS WUNDER DER GELEGENHEIT

Grundsätzlich kann man im Leben auf zwei Arten vorgehen. Man setzt sich entweder etwas in den Kopf und versucht, das irgendwie und unter Einsatz aller Mittel zu erreichen. Manchmal klappt das. Oft allerdings auch nicht. Hinzu kommt der immense Nachteil, dass man, während man auf sein Ziel fixiert ist, all das nicht sieht, was sich einem auch noch anbietet, während man den Blick starr auf das zu Erreichende gerichtet hält. Zudem ist es ziemlich anstrengend, andauernd hinter einem Ziel her zu sein.

Die andere Variante besteht darin, dass man einfach versucht, Gelegenheiten zu ergreifen, wenn sie sich einem bieten. Diese Haltung ist ein bisschen passiver, aber nicht nur passiv. Man ist entspannt aufmerksam und wartet ab, bis sich etwas ergibt. Oder man unternimmt gewisse Dinge, um den Gelegenheiten ein wenig nachzuhelfen. Bei der zweiten Variante ist man selbstverständlich grundlegend offener als bei der Ziel-fixiert-Variante. Man freut sich am Leben und weiß, dass in jedem Moment eine neue Gelegenheit auftauchen kann. Man verhält sich in Richtung dieser Gelegenheit.

Und wenn sie dann da ist, verpasst man sie nicht. Für einen wahren Minimalisten kommt natürlich vor allem die zweite Variante in Betracht. Er vertraut auf das Leben und weiß, dass eine Gelegenheit kommen wird, wenn die Zeit reif dazu ist. Und wenn sie nicht kommt, ist es eben noch nicht Zeit dazu. Also wartet der Minimalist aufmerksam ab. Schon im nächsten Augenblick könnte sich eine ganz andere Gelegenheit anbieten – eine, an die er bislang noch gar nicht gedacht hatte!

GEFÜHLSANDEUTUNGEN

Wir meinen, dass große Gefühle auch immer über eine große Tiefe verfügen und dass jemand, der sehr emotional ist, auch sehr tief empfindet. Aber das entspricht nur oberflächlich betrachtet der Wahrheit.

Wenn wir uns selbst immer und immer wieder beobachten, dann sehen wir, dass nur subtile Empfindungen wirklich tief gehen. Je subtiler, desto tiefer, je gröber, desto oberflächlicher. Heftige Gefühlswallungen machen zwar Eindruck, sind aber, was das Wesentliche betrifft, eher Randerscheinungen. So unlogisch uns das auch erscheinen mag.

Wenn wir wirkliche Tiefe empfinden wollen, müssen wir subtiler werden. Je feiner, desto näher geht uns etwas.

NICHTS ist erleichternder, als ein Mensch
zu werden, der nichts mehr zu werden braucht.

ASKESE UND SO

Ein Minimalist liebt die Einfachheit, hält aber wiederum nichts von Askese. Sein Wunsch nach Mäßigung entspricht der Einsicht, dass jedes Extrem stets unangenehme Folgen hat – und unangenehme Folgen empfindet ein Minimalist eben als unangenehm, weshalb er sie vermeiden will. Allzu krampfhaftes Vermeiden von irgendetwas wäre nun aber auch wieder nicht das Richtige, denn das würde sofort auch wieder zu einem Extrem führen – wovon er bekanntlich nichts hält.

Ein Minimalist versucht also, nicht einmal in dem extrem zu sein, wovon er nichts hält. Er hält einfach nichts davon und versucht dabei, entspannt zu bleiben. Denn er weiß, dass die mitunter größten Katastrophen im Dasein des Menschen mit Vorliebe durch allzu großes Vermeidenwollen entstehen.

Mit Vehemenz gegen etwas zu sein, kann einem oft größere Unannehmlichkeiten einbringen, als die Sache selbst einem beschert hätte, gegen die man eigentlich war.

Und so ist die Welt voller Beispiele, wo ein kluger Minimalist nötig gewesen wäre, aber ein vehementer Verteidiger von etwas viel Schaden anrichtete.

BEFRIEDIGUNG ODER GENUSS?

In der altchinesischen Philosophie des Taoismus macht man einen großen Unterschied zwischen diesen beiden Begriffen. Befriedigung existiert in erster Linie auf der Ebene des Körperlichen. Genuss hingegen erreicht auch die Seele. Sehr viel von dem, was wir heute konsumieren, dient jedoch in erster Linie der Befriedigung. Der Genuss aber, und damit die Seele, bleibt weitgehend auf der Strecke. Eine gewisse Armseligkeit ist unausweichlich die Folge. Genuss hingegen hat mit Qualität und mit Zeitlassen zu tun. Wenn wir mehr Genuss statt stumpfer Befriedigung wollen, müssen wir den Unterschied zwischen diesen beiden Begriffen verstehen und dem Wert der Qualität und der Wichtigkeit von Zeit mehr Bedeutung beimessen. Denn für ein Leben, das ein Genuss sein soll, kann reine Befriedigung selbstverständlich nur zu wenig sein.

WAS unterscheidet einen weisen von einem gewöhnlichen Menschen?

ER verhält sich entsprechend.

DIE QUALITÄT DER KLARHEIT

Klarheit ist etwas sehr Bedeutendes. Solange wir die grundlegenden Mechanismen des Lebens nur unscharf erfassen, können wir nicht angemessen darauf reagieren. Klarheit ist der Ausgangspunkt für eine Leichtigkeit im Leben, die aus einem intuitiv richtigen Handeln kommt. Im Buddhismus wird im Zusammenhang mit dem Wert dieser Klarheit oft das Bild des Teiches benutzt. Ist das Wasser unruhig und aufgewühlt, so wird es undurchsichtig, da der Schlamm sich verteilt. Wird das Wasser jedoch ruhig, klärt sich alles, und man kann irgendwann bis auf den Grund hinabsehen. Ähnlich ist es auch mit unserer eigenen Verfassung. Wenn unser Geist unruhig und aufgewühlt ist, können wir unsere eigene Tiefe nicht erkennen. Erst wenn wir lernen, zur Ruhe zu kommen, klärt sich alles.

Dann schimmert die Qualität der Klarheit durch uns selbst hindurch.

LEBST DU in einer Umgebung, in der du wachsen kannst?

MINIMALISMUS UND ZEN

Ich selber bin durch Zen zum Liebhaber des Minimalen geworden. Zen ist eine Richtung des Buddhismus, die stark vom Taoismus geprägt ist. Aus der Verbindung von Buddhismus und Taoismus ergab sich eine neue Form, die sehr klar und direkt auf den Kern der wesentlichsten Erfahrung ausgerichtet ist, die wir machen können: Entdecke es selber! Niemand kann dir das wirklich Bedeutungsvolle des Lebens sagen oder zeigen, weil es sich nicht beschreiben oder darstellen lässt. Es ist durch Beschreibung oder Darstellung nicht zu fassen. Denn es hat nichts mit unserem kleinlichen Intellekt oder unseren drängenden Gefühlen zu tun, ganz im Gegenteil. Im Zen ist man der Meinung, dass Intellekt und Gefühle uns gerade von jeder tieferen, essenziellen Erfahrung abhalten.

Zen war für mich also der eigentliche Auslöser, mich auf einen andern Weg zu machen. Es ist eine Entdeckungsreise zu uns selbst und revidiert sämtliche Ansichten und Meinungen, die wir bis dahin hatten. Wir sehen, dass unser begriffliches Denken und die von uns gebildeten Kategorien und

Meinungen nur sehr oberflächliche Erscheinungen sind, die uns letzten Endes nicht weiterhelfen.

Wie aber kommen wir zu tiefergehenden Erfahrungen, die gegenüber all unseren Fragen dann auch Bestand haben? Zen ist in dieser Hinsicht sehr klar und eben auch herrlich minimalistisch: Wir müssen nichts Weiteres hinzufügen. Ganz im Gegenteil: Wir müssen nur das Unwesentliche weglassen, dann wird das Wesentliche erscheinen. Wir tragen in uns sämtliche Antworten, aber wir sind vom alltäglichen und oberflächlichen Getue so abgelenkt, dass wir es nicht erkennen können. Deshalb ist Zen so puristisch. Es gibt nichts hinzuzufügen. Wenn wir uns darin üben, unseren Geist ruhiger werden zu lassen, können wir einen hohen Grad an Tiefe, Präzision und Subtilität erreichen.

Und wie können wir dahin gelangen? Genau das ist eben keine philosophische Frage und auch keine religiöse, sondern eine rein praktische.

Das ist es, was mir an Zen gefällt. Es vergeudet keine Zeit mit langen Debatten, es verschwendet auch keine Energie, um zu beweisen, dass es sich hier um den besten aller Wege handelt. Zen ist das alles vollkommen egal. Es gibt nichts zu debattieren und nichts zu beweisen. Es gibt nur eines: Es selbst erfahren!

Allein schon dieser minimalistische Ansatz beeindruckt mich. Kein Dogmatismus, keine Besserwisserei, keine langen Reden. Nur der Ansatz: Finde es selbst heraus!

Wir können uns hinsetzen und genauer schauen lernen. Wir nehmen nach und nach präziser wahr und erkennen tiefere Schichten von Zusammenhängen. Alte Meinungen lösen sich auf zugunsten einer neuen Offenheit. Und bei alledem bleiben wir ganz normale Menschen. Es gibt da nichts Heiliges. Es ist alles das Leben, aber man beginnt zu verstehen, was dieses Leben eben ist und was es mit einem selbst zu tun hat.

Einfaches Sein. Frei von esoterischem oder philosophischem Aufbauschen. Sehr minimalistisch auf die elementare Erfahrung des eigenen Wahrnehmens ausgerichtet. Was will man darüber reden, wenn es jenseits aller Kategorien ist, dort, wo sich die Dinge nicht beschreiben lassen? Wenn es über sämtliche Begrifflichkeiten hinausgeht?

ZU VIELE Erklärungen machen die Dinge kompliziert.

ZU 98 PROZENT ALT

Untersuchungen haben gezeigt, dass 98 % unserer Gedanken scheinbar reine Wiederholungen sind. Seit Jahren und manchmal Jahrzehnten repetiert sich in uns immer wieder derselbe Singsang. Und wenn wir sehr still werden, nehmen wir das wahr. Wir können unsere Gedanken beobachten und sehen, dass diese Feststellung den Tatsachen entspricht. In uns läuft meist ein altes Programm ab. Wir werden beherrscht von den ständig gleichen Gedanken. Wir sind gefangen in unseren permanenten Wiederholungen und den Sichtweisen, die damit einhergehen.

Für einen achtsamen Minimalisten spielt sich da einfach zu viel Überflüssiges ab. Zudem halten ihn diese leierhaften Gedanken von Wichtigerem ab: beispielsweise von ganz frischen und unverbrauchten Gedanken, vom reinen Genuss des Seins oder vom Wahrnehmen dieser wundervollen Stille, die wir bereits erwähnt haben. Achtsamkeit ist auch hier der Weg, um sich selbst zunehmend auf die Schliche zu kommen.

Solange wir nicht merken, wie sehr sich in uns alles ständig wiederholt, werden wir niemals eine Handhabe gegen diesen uns einschränkenden Automatismus besitzen. Wenn wir dieses gewohnheitsmäßige Agieren auch nur schon für den einen oder andern Moment bleiben lassen wollen, benötigen wir unsere ganze Aufmerksamkeit.

Wir fangen an, uns selbst ein wenig genauer zu betrachten.

LUXUS

Im Taoismus gibt es folgende Überlegung: «Wenn man im Luxus lebt, sammelt man kein wertvolles Wissen an.»

Wieso das?

Luxus hält uns ganz einfach vom Lernen ab. Wir alle sind bequem, und wenn es uns gut geht, haben wir keinen Grund, nach Neuem zu suchen. Es muss uns in der Regel schlecht gehen, damit wir zweifeln, damit wir fragen und uns dadurch entwickeln.

Seine einlullende Art macht den Luxus – so angenehm er ist – zu einem ernsthaften Hindernis. Er lässt uns – und das ist beinahe unvermeidlich – träge und selbstgefällig werden.

Je weniger wir brauchen, um das Leben genießen zu können, desto freier und lebendiger sind wir. Je mehr Luxus nötig ist, desto größer die Gefahr, dass wir letztendlich in dieser Überfülle steckenbleiben.

Leider, leider.

FREIHEIT

Der Unterschied zwischen einem fröhlichen Minimalisten und einem anderen Menschen liegt darin, dass der Minimalist will, dass sein Glück von ihm selbst ausgeht, während ein normaler Mensch sich Umstände wünscht, die ihn glücklich machen sollen. Ein Minimalist ist nicht deshalb glücklich, weil das Leben ihm gut scheint, sondern sein Leben erscheint ihm gut, weil er glücklich ist.

Das ist ein bedeutender Unterschied. Erst wenn das Glück in uns selbst aufscheint, können wir leichten Herzens auf Dinge verzichten. Der Minimalist genießt die Dinge zwar durchaus auch, ist aber nicht sonderlich unglücklich, wenn er sie irgendwann aus irgendwelchen Gründen nicht mehr genießen kann. Das erst macht ihn im Grunde frei. Es ist das, was die Buddhisten «das Nichtanhaften» nennen.

Das hört sich sehr einfach an, ist aber schwieriger zu erreichen, als uns lieb sein kann, da unser gesamter Gefühls- und Bestätigungsmechanismus auf Abhängigkeiten beruht. Sind wir nicht bis zu einer gewissen Tiefe des Verständnisses vorgedrungen, sind wir dem meist hilflos ausgeliefert. Wir wissen oft nicht, weshalb gewisse Empfindungen auftauchen und wie diese unser Handeln steuern. Wir können nahezu nichts dagegen tun. Sobald die Regungen da sind, ist die Sache weitgehend entschieden, die unerkannten Empfindungen durchdringen und lenken uns. Wenn wir jedoch sehr aufmerksam hinschauen, können wir zunehmend erkennen, wie alles abläuft, wie etwas im Äußeren geschieht, wie das einen Impuls setzt und eine Reaktion in uns darauf erfolgt.

Dieses Beobachten ist der erste Schritt. Wir beginnen so, unseren eigenen Mechanismus zu durchschauen.

Je genauer wir uns in dieser Hinsicht beobachten, desto größer werden unsere Möglichkeiten, immer präziser dazwischentreten zu können. Über lange Zeit praktiziert, macht uns das zunehmend freier von den uns umgebenden Umständen.

Unsere Reaktionen erfolgen immer weniger blind und immer weniger mechanisch. Wir sehen, dass etwas geschieht, woraufhin in uns ganz automatisch eine Reaktion darauf erfolgt. Aber indem wir die Reaktion bewusst wahrnehmen, haben wir für einen kurzen Moment die Möglichkeit, diesen Mechanismus anzuhalten.

Das ist der Moment, in dem sich uns eine neue kleine Freiheit eröffnet.

VOM SUCHEN

Auf folgende Idee wären wir im Westen vermutlich auch nie gekommen, darum ist es keine Überraschung, dass sie der fernöstlichen Philosophie entstammt. Der Gedanke geht so: Wenn ich auf der Suche nach etwas bin, trage ich in mir unweigerlich ein Gefühl des Mangels. Denn würde mir nicht etwas fehlen, würde ich nicht danach suchen. Es gäbe dann nicht den geringsten Grund dazu. Wenn ich suche, herrscht bei mir also das Gefühl eines Mangels – selbst wenn ich mir dessen nicht bewusst bin. Jedes Suchen steht mit einem Gefühl des Mangels in Verbindung.

So weit, so gut. Nun geht es aber noch weiter. Das Äußere ist nach fernöstlicher Überzeugung ja lediglich eine Entsprechung unseres Inneren. Das Äußere ist Abbild unseres Geistes. Was ich in meinem Innern bin, widerspiegelt sich in meinem Leben: Ich ziehe die entsprechenden Dinge an.

Wenn ich nun aber das Gefühl des Fehlens in mir habe, wie soll sich dann im Äußeren gerade das ergeben, was mir eben fehlt?

Ist es aufgrund dieser Entsprechung nicht nachvollziehbar, dass ich, solange ich diesen Mangel empfinde, ihn im Äußeren zwangsläufig erfahre? Und dass alles, was ich im Äusseren als Resultat meines Suchens finden werde, in Wahrheit nur Kompensation dieses Mangels sein kann, aber nie das sein wird, was den Mangel auch tatsächlich behebt?

Müssten wir also nicht zuerst den vermeintlichen Mangel in uns selbst beheben, damit sich im Äußeren dann das ergeben kann, was wir wirklich möchten?

DAS EIGENTLICHE Erfolgsrezept des Minimalisten ist, dass er umso mehr findet, je weniger er tut.

SCHÖNHEIT

Es gibt eine vollkommene Ordnung, die sich unter anderem dadurch ausdrückt, wie sich ein Grashalm im Wind bewegt.

Wenn wir dies wahrnehmen können, wird es uns möglich, eine ganz elementare Schönheit zu empfinden. Eine Schönheit, in der zugleich auch etwas Ewiges liegt. Es handelt sich nicht um eine flüchtige Schönheit, wie wir sie dann und wann vielleicht selbst erschaffen, sondern um eine Form von Qualität, die mit dem absolut Essenziellen des Lebens zu tun hat. Wenn wir dafür ein Empfinden entwickeln, werden wir irgendwann auch die Wahrheit über uns selbst entdecken.

DAS PROBLEM MIT DEN PROBLEMEN

Probleme mögen wir verständlicherweise nicht, und taucht eines auf, versuchen wir es meist zu verdrängen, es von uns wegzuschieben oder es wenigstens nicht direkt angehen zu müssen. Wie gesagt: Das ist verständlich. Aber im Grunde nicht ideal. Wenn man sich in minimalistischen Praktiken schult, lernt man, auch mit Problemen anders umzugehen. Wir sehen dann, dass es die effektivste Methode ist, mitten in das Problem hineinzugehen und dabei gleichzeitig einen offenen Geist zu bewahren.

Wir verdrängen das Problem dann nicht, lassen uns aber auch nicht von ihm vereinnahmen – und genau das ermöglicht uns einen ganz anderen Umgang mit diesen Schwierigkeiten. Wenn die Wahrnehmung offenbleibt, stellt sich oft eine völlig neue Sichtweise und dadurch eine Lösung ein.

Ein Problem einfach wegzuschieben, ist ziemlich ineffektiv, aber sich andererseits von einem Problem völlig in Beschlag nehmen zu lassen, ist genauso wenig hilfreich.

Ein Minimalist, Taoist oder einfach jemand, der sich nicht über Gebühr mit unnötigen Problemen aufhalten will, versucht hier anders vorzugehen. Ganz seiner Art gemäß legt er das Problem auf den Tisch, weiß darum und versucht erst mal, keine Lösung zu finden.

Er bleibt einfach völlig offen. Er ist darin geübt, seine Wahrnehmung unbeeindruckt, stabil und weit zu halten, denn er weiß, dass das die effektivste Methode ist, damit eine Lösung auftauchen kann, «die wie aus dem Nichts kommt».

Denn die besten Lösungen kommen selten von einem selber, es ist eher so, dass sie einem zufallen. Das ist jedenfalls eine der Weisheiten von erfahrenen Minimalisten.

WÜNSCHE

Wünsche sind ja etwas sehr Menschliches und entsprechend sind sie weit verbreitet. Aber wie verhält sich ein Minimalist Wünschen gegenüber – widersprechen sie nicht ganz grundlegend jedem minimalistischen Ideal?

Hier hilft sich der Minimalist zweckdienlicherweise mit dem Buddhismus, denn dieser unterscheidet sehr elegant zwischen sogenannt «heilsamen» und «unheilsamen» Formen. Heilsame Wünsche ziehen Weisheit, Verantwortungsbewusstsein, Zufriedenheit und persönliches Wachstum nach sich, unheilsame Wünsche aber schüren Gier, Egozentrik, Egoismus und Abhängigkeiten.

Lernen wir also, unsere Wünsche genauer einzuschätzen und dann klug zu wählen, welche wir in uns fördern wollen.

Wünschen wir uns einfach möglichst viele heilsame Wünsche.

WENN du nicht weiter weißt, dann warte.

DIE THERMODYNAMIK GIBT HINWEISE

Im Zweifelsfall sollten wir uns im Leben stets an das dritte Gesetz der Thermodynamik halten. Wenn wir nicht mehr weiterwissen, gibt uns die Physik nämlich einen wundervollen Hinweis.

Das dritte Gesetz der Thermodynamik besagt, dass eines der schönen Prinzipien unserer Welt darin besteht, dass ein System, wenn es zur Ruhe kommt, sich von selbst langsam wieder zu ordnen beginnt: Die Entropie (Unordnung) reduziert sich durch den Einfluss von Ruhe. Und je tiefer die Ruhe, desto größer der Einfluss in Richtung Ordnung. Was wir also zur Ruhe kommen lassen, gerät ganz von alleine mehr und mehr wieder in seine natürliche Ordnung.

Unruhe und Unordnung haben also miteinander zu tun, und Ruhe und Ordnung haben miteinander zu tun. Statt hektisch zu werden, wäre in manchen Fällen ein wenig Ruhe und Geduld also deutlich hilfreicher.

Damit die Dinge auf natürliche Weise langsam wieder in Ordnung kommen.

ICH MÖCHTE NICHT, dass Sie denken, ich hätte eine Wahrheit zu verkünden. Aber ich möchte auch nicht, dass Sie meinen, es würde mich nicht freuen, wenn in Ihnen selbst eine Wahrheit auftaucht, während Sie dieses Buch lesen.

MÜHELOSIGKEIT

Es liegt auf der Hand, dass Mühelosigkeit eines der zentralen Themen des Minimalisten ist, leider aber lässt sich diese so gut wie nie völlig mühelos erreichen. Wir müssen uns um sie bemühen – ohne uns allerdings wiederum zu sehr zu bemühen. Wie sonst sollten wir denn Mühelosigkeit erreichen? Durch große Mühsal etwa?

Das alles scheint wieder einmal Zen-mäßig paradox zu sein. Wir müssen uns die Mühe machen, Mühelosigkeit zu erreichen, und das, ohne dass es zu einem verbissenen Bemühen wird. Eine Gratwanderung. Ganz ohne Anstrengung kommen wir aber gerade am Anfang bei nichts weiter. Jeder Fortschritt verlangt nach einem ersten Impuls.

Der Minimalist begegnet dem allem, indem er sich einfach auf möglichst mühelose Weise in Mühelosigkeit übt. Womit wir bei der eigentlichen Kernkompetenz eines jeden Minimalisten angelangt sind.

MEDITATION

Es versteht sich, dass Meditation für einen Minimalisten das Höchste ist, denn dabei geht es bekanntlich um das reine Nichtstun. In der Meditation geht es tatsächlich und auf wohltuende Weise um absolut nichts: Wir lassen sämtliche Ziele, Wünsche und Hoffnungen hinter uns, um wieder frei zu werden. Und nichts bedeutet dem Minimalisten mehr, als frei zu sein für den Moment und das damit offenliegende Potenzial. Wenn wir einfach still dasitzen und unseren Körper und Geist in einen übereinstimmenden Zustand bringen, geschieht alles Weitere von selbst. Wir können Fixierungen, Absichten und Konditionierungen hinter uns lassen und erreichen wieder Offenheit, Freiheit und den freien Fluss der Möglichkeiten. Gedanken und Emotionen erscheinen und vergehen, sie sind Randerscheinungen, aber sie nehmen uns nicht mehr in Beschlag, wie das üblicherweise mit uns geschieht. Wir erkennen, dass es sich dabei um erstaunlich vergängliche Dinge handelt, und das Einzige, was sie länger am Leben erhält, als dies von Natur aus geschieht, ist die Tendenz, sich an sie zu klammern.

In der Meditation können wir von all den Aufs und Abs des Lebens unberührt bleiben. Unser Geisteszustand ist ruhig und offen. Alles wird sehr still. Wir ruhen wie auf dem Grund des Daseins und können die Wellen des Lebens, die an der Oberfläche schwappen, gelassen beobachten. Das ist etwas sehr Beglückendes, und man wünscht diese Erfahrung wirklich jedem.

Sobald wir aber meinen, mit Meditation etwas erreichen zu müssen, verlieren wir das alles wieder. Jede Absicht steht der Meditation entgegen. Wir wollen etwas tun und verhindern damit das Wesentliche, das einfach da ist.

Wenn es uns aber gelingt, diesen ruhigen und freien Geisteszustand aufrechtzuerhalten, taucht eine innere Kraft in uns auf, die wir bisher nicht kennengelernt haben und die mit nichts zu vergleichen ist. Aus dem wahren Gleichgewicht von Körper und Geist taucht etwas auf, das uns bisher verborgen geblieben ist.

Wenn wir uns immer wieder in dieser Haltung üben, wird sie stabiler und beginnt sich immer stärker auch auf unseren Alltag auszudehnen. Die

Dinge klären sich, und sie werden einfacher, da unser Geist klarer wird und einfacher erkennen kann. Wir erfahren, dass es da noch eine andere Kraft gibt. Etwas, das grundlegender ist als alles, was wir bisher kennengelernt haben.

Das alles macht uns achtsamer. Unsere Aufmerksamkeit nimmt zu. Wir beginnen Ruhe und Stille zu schätzen. Unsere Feinsinnigkeit wird größer. Wir erfahren eine subtilere Wahrnehmung. Und das alles führt zu mehr Qualität.

Meditation ist eine unscheinbare Sache – und das macht sie so wertvoll. Man kann mit nichts beeindrucken, man ist nicht mehr wert als derjenige, der neben einem meditiert. Wir alle sitzen einfach da und werden still. Wir alle sind an demselben Punkt. Genau hier, genau jetzt, alle gemeinsam.

Und wenn wir geduldig üben, werden wir etwas erhalten, was wir durch nichts sonst im Leben bekommen können: einen tief berührenden inneren Frieden und gleichzeitig ein Empfinden für die Lebendigkeit von allem. Und das hat kein Ende und ist gleichzeitig jedes Mal neu. Damit bekommt das Leben wieder eine Frische und Spontanität, die wir längst verloren glaubten.

Und das alles geschieht einfach deshalb, weil wir bereit sind, für eine gewisse Zeit nichts zu tun. Wir erwarten rein gar nichts. Gerade darum kann mehr passieren, als wir je erwartet hätten.

VERDIENST UND VERDIENSTE

Was wir tun, bringt Resultate. Gute, schlechte, finanziell lukrative oder bedauerliche. Unser Handeln hat immer Folgen. Wir können uns nicht davonschleichen respektive: auch wenn wir uns davonschleichen, hat das Folgen, einfach die Folgen des Davonschleichens. Stets haben wir für unser Tun den Kopf hinzuhalten. Früher oder später. In der einen oder andern Weise. Es gibt keinen wirklichen Fluchtweg. Aber weil sich die Konsequenzen unseres Tuns eben nicht immer gleich einstellen, nehmen wir sie häufiger nicht wahr.

Wir Menschen reagieren gerne nur auf das, was unmittelbar stattfindet. Deshalb liegt uns unser Verdienst meist auch mehr am Herzen als unsere Verdienste. Einzig auf das, was sich sofort und sichtbar auswirkt, richtet sich unser Augenmerk. Würde uns zum Beispiel das Rauchen sofort ein Krebsgeschwür sehen lassen, würden wir anders damit umgehen. Würde uns fettiges Essen sofort vor Augen führen, wie sich die Arterien verengen, würden wir bewusster handeln. Aber weil das eben langfristige Auswirkungen nach sich zieht, umschifft unser Bewusstsein das.

Wir Menschen sind einfach nicht sehr weitblickend. Das scheint in unserer Natur zu liegen. Der kurzfristige Genuss und Gewinn ist uns meist wichtiger als die lange Sicht. Was kümmert uns das Spätere?

Beim Verdienst geht es darum, was ich unmittelbar jetzt davon habe. Bei unseren Verdiensten hingegen handelt es sich um etwas Längerfristiges. Beim Verdienst geht es zudem auch nur um mich selbst, bei den Verdiensten jedoch geht es immer auch um andere.

Mit einem kleinen zusätzlichen «e» ließe sich also vieles auf der Welt verändern.

Wenn das kein herrlicher Minimalismus ist.

DER MOMENT

Wir dürfen nie vergessen, dass der Moment das Einzige ist, was wir wirklich haben. Das Davor ist vorbei, das Danach ist ungewiss. Wir wissen nicht einmal, ob wir das Weitere noch erleben werden. Alles ist offen. Aber dieser Moment ist, wie er ist. Wir können uns ihm voll zuwenden.

Ich glaube, das ist es auch, was ich an der Fotografie so schätze. Es geschieht in exakt diesem Moment. Es ist das, was gerade jetzt genau so zusammenkommt. Dieser Ausschnitt der Welt findet genau in diesem Moment so statt: Licht, Objekt, Stimmung ..., es wird nie mehr genau so sein wie jetzt.

Ich denke, wenn wir diesen Moment wirklich verstehen, verstehen wir auch, was danach aus ihm wird. Was geschieht, ist kein Zufall, sondern eine Folgerung des Jetzigen. Wenn wir das verstehen, entwickeln wir ein Empfinden für das, was daraus folgt. Aber das können wir nicht erkennen, wenn wir jetzt schon in die Zukunft blicken und uns Dinge von ihr erhoffen.

Es geschieht in diesem Moment. Alles geschieht in diesem Moment. Milliarden von Dingen geschehen in diesem Moment, und daraus ergibt sich das Weitere.

Deshalb arrangiere ich beispielsweise beim Fotografieren auch nichts. Auch das Licht ist immer vollkommen natürlich. Alles ist sehr schlicht und einfach. Würde ich etwas künstlich fabrizieren, käme meine Voreingenommenheit ins Spiel – und damit würde ich zu einer Art Konstrukteur. Aber ein Konstrukteur folgt einer Gebrauchsanweisung und damit wird der Vorgang unweigerlich mechanisch. Ich versuche nur zu sehen. Den Augenblick zu erfassen, in dem sich für mich etwas uneingeschränkt Gültiges andeutet. In dem etwas tief Harmonisches hinter dem Offensichtlichen geschieht.

Ich glaube, dass uns so ein Moment alles zeigen kann.

SICH NICHT TÄUSCHEN LASSEN

Der Minimalist weiß, dass die Enttäuschung aus der Täuschung kommt, und deshalb legt er Wert darauf, die Dinge möglichst zu durchschauen. Das Durchschauen erspart eine Menge Ärger und Aufwand. Natürlich ist das in einer Welt, die auf den schönen Schein baut und mit einer Vielzahl von Täuschungen arbeitet, eine nicht ganz einfache Sache. Aber es bleibt eine der Hauptaufgaben, wenn wir zu fröhlichen Minimalisten werden wollen. Solange wir dem schönen Schein folgen, wird das unweigerlich Enttäuschung mit sich bringen, da der Schein niemals der Realität standhalten kann. Sich zunehmend weniger täuschen zu lassen von Worten, Meinungen, Versprechen und auferlegten Normen, gehört zur täglichen Übungspraxis, wenn man einen Schritt weiter kommen will.

Das Glück liegt jenseits der Täuschung. Wie also sind die Dinge wirklich? Wie gelingt es einem, sich selbst immer weniger vorzumachen? Immer weniger in die selbst gestellten Fallen zu geraten? Und immer weniger jene Dinge für wahr zu halten, die doch nur in unserem Wunschdenken existieren?

Wenn wir einfacher und bescheidener werden und uns eher an der Realität orientieren als an unseren Gedankengebilden, verringern sich die Täuschungen. Wenn wir verstehen lernen, wie wir selbst funktionieren, kommen wir dem Mechanismus unseres gelegentlich doch recht eigenartigen Handelns auf die Schliche.

Und irgendwann kommen wir an den Punkt, da können wir uns ein Lächeln einfach nicht mehr verkneifen: Wir lächeln, weil wir uns selbst durchschauen. Wir erkennen, wie gierig wir manchmal hinter gewissen Dingen her sind, wie wir Unwichtiges für wichtig halten und wie unser trügerisches Selbstbild uns immer wieder in die Irre führt. Dann begreifen wir, dass jede Täuschung darauf basiert, dass wir uns selbst nicht genug kennen. Dass das, was wir seit Jahrzehnten als unser Ich herumtragen, uns im Grunde immer noch ein Rätsel ist. Und dass es allmählich an der Zeit ist, diese Sache zu klären.

Aber natürlich dürfen wir uns auch da wieder nicht täuschen: Das alles hört sich gut und schön an, doch ist es alles andere als einfach. Die

SCHLÜSSELWORTE FÜR MINIMALISTEN

Ruhe, Bescheidenheit, Qualität, Gleichmut,
Zeit, Unabhängigkeit, Geduld, Genuss, Schönheit,
Natürlichkeit, Wertschätzung, Hingabe, Freiheit …

uns immer wieder üben und uns dessen bewusst werden, nimmt diese Verfassung des Geistes immer subtilere Formen an.

Wir beginnen, die Qualität zu entdecken. Man könnte sagen: Wir nähern uns der Qualität der reinen Erfahrung. Einer Wahrnehmung, die jenseits jeder Wertung und Eingrenzung liegt. Dies verändert dann unsere ganze Sicht und unser Verhalten. Der Minimalist agiert aus dem subtilen Empfinden für diese Qualität heraus, die vieles Weitere einfach unnötig macht. Unsere innere Unruhe und unser hektisches Suchen nehmen damit ganz von alleine ab, und der Geist kommt zur Ruhe.

Das alles ist tatsächlich kein intellektueller Prozess, sondern ein ganzheitlicher. Körper, Geist, Emotionen, Gedanken – alles wird durchdrungen von diesem umfassenden Aspekt von Qualität. Das ist die Erfahrung.

Sie wird uns weiter verändern und uns neue Sichtweisen eröffnen. Wir erfassen zunehmend das, was wirklich ist – jenseits der genormten Welt des Scheins. Dies erreichen wir, indem wir dafür geeignete Voraussetzungen schaffen. Voraussetzungen, welche die nötigen Erfahrungen zulassen. Das Wichtigste dafür ist die eigene Haltung dem allem gegenüber. Diese Haltung führt zum angemessenen Verhalten in jedem einzelnen Moment. Daraus ergibt sich unser Leben, und dieses schafft die Bedingungen für unsere Möglichkeiten.

Am Anfang steht immer die eigene Haltung. Sind wir offen und interessiert, ist Neues möglich. Üben wir uns in richtigem Verhalten, wird das seine Folgen haben. Unsere Schwierigkeiten liegen oft gerade darin begründet, dass wir Dinge tun, die uns irgendwann eingeredet worden sind, die uns aber nicht wirklich entsprechen. Aber wir können uns nach und nach in einem für uns passenderen Verhalten üben. Das ist keine Unmöglichkeit.

Ein kluger Minimalist ist in gewissem Sinne also visionär – und zugleich ist er pragmatisch. Er interessiert sich für die Größe des Lebens, sieht seinen Platz aber im Kleinen des Alltags. Diese Dinge versucht er miteinander zu verbinden und

RICHTEN SIE Ihren Geist neu aus, und Ihr Leben wird Ihnen folgen.

Luxus	112
Freiheit	114
Vom Suchen	120
Schönheit	125
Das Problem mit den Problemen	126
Wünsche	129
Die Thermodynamik gibt Hinweise	135
Mühelosigkeit	141
Meditation	142
Verdienst und Verdienste	150
Wie Dinge sich verändern	153
Der Moment	156
Sich nicht täuschen lassen	162
Schlüsselworte für Minimalisten	169
Die schweigende Weisheit	172

FOTOGRAFIEN

Einzelner Schatten, 2008	9
Vögel, 2008	10
Weisse Linie, 2007	13
Raum, 2006	16
Vertikale Linien, 2008	23
Lichteinfall, 2007	26
Formen, 2007	29
Buddha, sitzend, 2007	33
Fenster in Albuquerque, 2001	34
Ende einer Spur, 2008	43
Wellen, 2008	49
Zeit-Spur, 2007	53
Gegensatz, 2009	57
Drei schön gebogene Linien, 2008	65
Fels und Haus, 2008	70
Fläche im Meer, 2009	73
Baum und Wand, 2008	78
Hell und dunkel, 2009	87
Offene Weite, 2008	88
Flächen und Musterungen, 2008	93
Wand, 2008	97
Industriegebiet, 2008	105
Porträt eines Momentes, 2009	111